GEORGE BRONSON REA

LE DROIT DU JAPON A L'EXISTENCE

PARIS
IMPRIMERIE DE J. DUMOULIN
5, RUE DES GRANDS-AUGUSTINS, 5
1921

LE DROIT DU JAPON A L'EXISTENCE

GEORGE BRONSON REA

LE DROIT DU JAPON A L'EXISTENCE

Réimpression de l'article paru
dans le numéro d'octobre de la *Far Eastern Review*

SHANGHAI, CHINE
1920

PARIS
IMPRIMERIE DE J. DUMOULIN
5, RUE DES GRANDS-AUGUSTINS, 5
1921

UNE QUADRUPLE ALLIANCE EN EXTRÊME-ORIENT

Le colonel Edward House, délégué américain à la Conférence de la Paix et ex-conseiller confidentiel du président Wilson, trouve que beaucoup d'hommes d'État anglais influents sont en faveur d'un traité anglo-américano-sino-japonais, lequel remplacerait l'alliance anglo-japonaise. J'ai rencontré ce même sentiment lorsque j'ai eu l'occasion de discuter les problèmes d'Extrême-Orient avec des membres de la Délégation anglaise à Paris.

Si l'alliance anglo-japonaise est abandonnée, quelque accord pratique pour la préservation de la Paix en Extrême-Orient doit prendre sa place.

Il faudrait aider la Chine à se réorganiser de façon qu'elle pût jouer son rôle, rôle auquel elle a droit dans la lutte pour garantir la souveraineté de l'Asie sur le sol même de l'Asie.

Cet article est un effort pour indiquer le chemin menant vers une solution anglo-américano-asiatique de ce problème, solution qui doit être juste pour tous, au bénéfice de tous, injuste pour personne, au préjudice de personne.

LE DROIT DU JAPON A L'EXISTENCE

UNE SOLUTION AMÉRICAINE

PAR

GEORGE BRONSON REA, éditeur de la *Far Eastern Review*

Les conséquences inévitables du fiasco de Paris nécessitent la solution immédiate des problèmes fondamentaux de l'Extrême-Orient.

Pour le moment, les Japonais doivent rester chez eux. La clause concernant « l'égalité des nations et le juste traitement de leurs nationaux » a été rejetée à la Conférence de la Paix, exclue des considérations générales préliminaires du Pacte de la Société des Nations et rayée des articles destinés à protéger les minorités et la liberté de conscience. Onze délégués de la Commission de la Société ont voté pour l'adoption de la proposition japonaise, sept se sont inscrits contre.

Le président Wilson, agissant en sa qualité de

président de la Commission, décida que la clause de l'égalité présentée par le baron Makino ne pouvait être adoptée qu'à l'unanimité. Par contre, on fit hâtivement passer devant le Comité la clause sur la doctrine de Monroe, qui fut acceptée sans vote, malgré l'opposition du délégué belge et de plusieurs représentants de petites nations; ces derniers n'eurent point l'occasion d'exprimer officiellement leur désapprobation.

Le président Wilson appliqua tout simplement ce que les Américains appellent la méthode du rouleau compresseur et, usant de son autorité, déclara la doctrine de Monroe reconnue et acceptée.

Les délégués japonais admirent la nécessité vitale de la doctrine de Monroe pour la protection des intérêts américains et se gardèrent de formuler la moindre protestation ou de faire le moindre commentaire désobligeant contre la tactique dictatoriale du président. Ils espéraient qu'une semblable considération et une semblable courtoisie leur seraient témoignées quand leur proposition, vitale elle aussi pour le Japon, serait soumise au Comité. Bien qu'ayant été profondément déçu lorsque le président se refusa à reconnaître le principe du vote à la majorité des voix pour la proposition sur l'égalité des nations, le baron Makino se contenta d'annoncer que la question serait abordée de nouveau en temps voulu, c'est-à-dire lorsque la Société des Nations serait définitivement organisée et opérante.

Jusqu'à ce qu'une décision finale soit rendue par des autorités internationales compétentes, cette question est en quelque sorte à l'ordre du jour et le monde doit prendre en considération les faits et l'état de choses actuellement existants.

Les Japonais ne sont admis sur un pied d'égalité avec les autres peuples ni aux États-Unis ni dans les dominions britanniques du Pacifique ou de l'Afrique. Le Japon doit trouver place tous les ans pour près d'un million de nouveaux Japonais. Dans vingt-cinq ans, si la population du Japon augmente avec la même rapidité, il y aura trente millions de Japonais de plus dans le monde. Le Japon ne pourra alors, quelles que soient les mesures que l'on puisse imaginer dans ce but, faire absorber son surplus annuel de population par de nouvelles industries ou par la mise en culture des pentes du mont Fuji et autres terrains en friche, simplement pour faire plaisir aux économistes rêveurs qui prétendent qu'il y a encore place au Japon même pour de nombreux millions d'habitants. A plusieurs points de vue, la mise en pratique de plans étrangers et l'application de théories ayant pour but de comprimer les millions de Japonais dans leur Empire déjà surpeuplé pourront présenter de grandes difficultés. Le Japon doit trouver des débouchés. Le Japon est actuellement en face d'un problème. Avant la guerre, ses nationaux se dirigeaient vers l'est, aujourd'hui ils se dirigent vers l'ouest. Ils vont en Mandchourie, en Mongolie et en Sibérie. Si ce débouché leur est interdit, il se peut qu'ils essayent de nouveau de traverser le Pacifique ; alors, si les portes des États-Unis et du Canada leur sont fermées, ils iront vers le sud et débarqueront sur les rivages plus hospitaliers du Mexique, de l'Amérique Centrale et de l'Amérique du Sud. L'Amérique, ou l'Australie, l'Afrique, ou l'Asie, doit ouvrir ses portes aux Asiatiques. Or, l'Amérique, l'Australie, le Sud et l'Est africains ont annoncé leur décision en des termes et sur un ton qui ne laissent subsister aucune illusion. Les Japonais doivent donc, s'ils veulent sauvegarder leur race, ou chercher un débouché en Asie, ou faire absorber le surplus de leur population par l'expansion des industries présentes, ou la création d'industries nouvelles : cela imposerait forcément leurs produits sur tous les marchés du monde, en concurrence avec les produits de l'Occident.

La victoire dans cette lutte pour l'existence sera la

récompense de la nation la mieux équipée pour soutenir l'effort économique. Il se peut que cette nation soit le Japon.

Au moment où le Japon souffre de la décision arbitraire de la Conférence de la Paix, au moment où, par suite de sa politique en Chine et en Sibérie orientale, il est en butte aux critiques et aux soupçons du monde entier, M. Stevens, Gouverneur de Californie, rouvre la question des races et demande au Gouvernement Fédéral de prendre immédiatement les mesures nécessaires pour arrêter la colonisation japonaise dans son État. Il recommande une législation très sévère avec articles interdisant aux Japonais l'entrée aux États-Unis. Officiellement, il représente la population de la Californie comme déterminée à empêcher le développement d'une communauté japonaise dans son sein, et comme fermement résolue à préserver la Californie dans son intégrité pour ses propres citoyens. Le Gouverneur admet, d'ailleurs, que le problème, ainsi posé, ne peut être résolu par une législation locale ou d'État et prie instamment le Ministre de l'Intérieur des États-Unis de traiter de suite de cette question avec le Japon. Il fait confiance à l'intelligence des Japonais qui comprendront l'attitude des Californiens et reconnaîtront qu'elle est motivée uniquement par le désir de conservation inhérent à chaque race et à chaque peuple.

Un grand pas en avant

La lettre du Gouverneur constitue sans aucun doute un grand pas en avant vers la solution de cet irritant problème qui, faute d'un règlement complet inclus dans un nouveau traité, devra par la suite être soumis à la Société des Nations ou à quelque autre Assemblée des Puissances organisée dans un but plus pratique. Le Japon a reconnu de par « l'engagement d'honneur » (*Gentlemen's agreement*) le bien-fondé de l'attitude de la Californie, excepté en ce qui concerne l'atteinte portée aux droits reconnus par traité de ceux de ses sujets qui peuvent résider aux États-Unis et y devenir propriétaires. Le Japon est, en outre, déterminé à demander un traitement égal pour tous les nationaux, sinon pour toutes les nations et toutes les races.

« La Californie fait confiance à l'intelligence japonaise qui comprendra son attitude », dit le Gouverneur de Californie. Cette admission que les Japonais sont doués de la faculté de raisonner constitue en soi un terrain d'entente. Les Japonais, de leur côté, ont toute raison de croire que les Californiens reconnaîtront en retour le droit du Japon de sauvegarder sa race. Si ce principe est accepté, nous avons un excellent point de départ qui nous permettra de présenter les deux côtés de l'affaire. Puisque le droit de préservation de la race japonaise, — ou de la race chinoise, en fait, — n'est pas garanti par l'émigration aux États-Unis, au Canada, en Australie, en Nouvelle-Zélande ou dans l'Est et le Sud africains, alors il faut leur ouvrir un chemin en Asie.

Si l'Ouest refuse d'admettre les Japonais et essaye en même temps de leur dicter leur conduite en Asie au moment où ils sont acculés à la muraille dans leur lutte pour l'existence, alors on fraye le chemin à des événements qui ébranleront jusqu'aux bases de notre civilisation.

Quand une puissance, quelle qu'elle soit, ou un groupe de puissances cherche à circonscrire le champ d'action d'un peuple jeune et à développement rapide, il faut s'attendre à en supporter les conséquences d'une manière ou d'une autre. Si nous faisons obstacle à son expansion, si nous lui refusons des colonies dans des climats habitables, si nous lui interdisons toute possibilité d'émigration et le forçons à absorber son surplus de population, nous créons des conditions commerciales et industrielles telles que nous lâchons sur le monde les mêmes forces aveugles qui ont précipité la dernière grande catastrophe. Allons-nous commettre les mêmes erreurs que la vieille diplomatie? Allons-nous refuser aux populations du Japon le droit d'émigrer? Allons-nous les forcer à rester chez eux et à ne s'occuper que d'industrie? Et quand leurs produits se vendront moins chers que les nôtres sur tous les marchés du monde et que la lutte pour l'existence sera à notre désavantage, nous retournerons-nous contre eux et nous unirons-nous pour les détruire? Si nous voulons profiter des leçons du passé, mieux vaut reconnaître à temps quels sont les problèmes fondamentaux du Japon et l'aider à trouver une solution pacifique plutôt que de lui créer des obstacles à chaque pas.

La *Far Eastern Review* ne se fait aucune illusion à ce sujet. Depuis de longues années, nous avons discuté cette question et indiqué une solution. Avant la grande guerre, lorsque le Japon, désespérant de jamais obtenir une reconnaissance d'égalité, rompit soudainement les négociations alors en cours avec les États-Unis pour l'établissement d'un nouveau traité, l'émigration japonaise cherchait un débouché en Amérique. Depuis ce temps, les conditions ont changé et notre point de vue a changé avec elles. Nous avons étudié ce problème jusque dans ses bases et nous tenons pour certain que la menace de lutte des races dans le Pacifique est due à l'extraordinaire avidité et à la rapacité de la Russie en Asie. Depuis plus d'un siècle le Moscovite foule sous sa botte les populations sans défense de l'Asie et annexe leurs territoires. Il a volé à l'homme jaune les terres que Dieu et la Nature lui avaient réservées comme son héritage, puis il les a entourées d'un mur hérissé de baïonnettes. Le kaiser n'a pas inventé cet épouvantail du péril jaune; la terreur lui en a été communiquée par son cousin Nicolas Romanoff. Les hommes d'État des bords de la Néva tremblaient à la pensée du jour où la Russie aurait à lutter contre la force d'expansion de 400 millions, ou plus, de Chinois.

Ils lisaient l'avenir et voulaient faire d'une politique immuable la base de la préservation de leur race. A tout prix, à tout hasard, les jaunes devaient être confinés et maintenus dans les frontières de la Chine propre et la pression des populations jaunes en augmentation constante devait être dirigée vers d'autres issues. C'était là la doctrine de Monroe de la Russie. C'est en l'appliquant que la Russie amputa la Chine de la Mandchourie en 1912 et fit de cette province un État tampon indépendant sous la protection de la Russie. Ainsi la Mandchourie ne pouvait être colonisée et développée par les Chinois. De sévères lois d'exclusion et d'exception interdirent l'entrée de la Sibérie aux jaunes et chaque fois que des Chinois réussirent à franchir en troupes nombreuses le cordon des baïonnettes cosaques, ils furent renvoyés en Chine ou massacrés brutalement. Jusqu'au début de la guerre mondiale, les armées du tsar furent tenues prêtes à combattre pour conserver la Sibérie à la race blanche. Cette politique égoïste comprima le flot mongol à l'intérieur de ses propres frontières; la pression augmentant sans cesse, ce dernier chercha une issue au point le plus faible de la digue. Le Japon, se débattant encore sous le fardeau que lui avait imposé son dernier conflit avec la Russie, n'était pas en position de lui demander des explications sur son attitude. Tous les yens qui pouvaient être arrachés à une population déjà surimposée étaient nécessaires pour soutenir l'allure terrible de la course aux armements, allure menée par la Russie désireuse de recommencer la lutte.

La Chine qui aurait dû défendre ses propres territoires et servir de zone protectrice au Japon était la dupe de la Russie et sa secrète alliée, et cela pour se venger de l'humiliation de 1895. Dépouillé des justes fruits de sa victoire par la jalousie des puissances (animées par la Russie) et incapable de se créer un débouché en Asie, le Japon fut poussé à en chercher au delà du Pacifique, et les États-Unis se trouvèrent face à face avec ce même problème.

Si la Grande Guerre n'avait pas eu lieu, l'Amérique ou le Japon auraient, depuis longtemps, été obligés de le résoudre. Opposer l'Amérique au Japon faisait, et fait encore partie de la politique de la propagande générale de la Russie, des Empires centraux et de la Chine. La faiblesse de la Chine, son incapacité à se défendre contre la Russie est à l'origine de cette crise. C'est la duplicité chinoise en Mandchourie qui amena la guerre entre la Russie et le Japon; et une sérieuse analyse de la situation actuelle montre que la diplomatie flatteuse, agile et retorse de Pékin prépare une guerre de races entre l'Amérique et le Japon. Les Américains sont enclins à négliger cette vérité de toute première importance, à savoir : que la Chine est, elle aussi, âprement opposée à notre politique d'exclusion, mais qu'elle n'a ni la force ni le courage de formuler ou d'appuyer une protestation. Les Chinois intelligents comprennent que le Japon est le champion de l'Asie et que, si un débouché n'est pas créé aux jaunes de l'autre côté du Pacifique, la solution du problème doit être trouvée aux dépens de leur excellente et chère amie la Russie. Si la Chine peut empêcher les Japonais de pénétrer en Mandchourie et dans la

Sibérie orientale, alors la question devra être réglée dans l'océan Pacifique.

Six rouges années se sont écoulées depuis 1914. Le vieil empire russe a disparu, mais la République des Soviets poursuivra, au fur et à mesure que ses forces augmenteront, le programme moscovite qu'elle reprendra au point où l'ancien régime l'a laissé. Il semblerait que maintenant le moment est propice pour que les Asiatiques reprennent possession de ce qui est à eux par droit de naissance. Si la Chine refuse de résoudre ses propres problèmes et de s'acquitter de ses obligations naturelles envers le Japon, alors il appartient à ce dernier de prendre la direction du mouvement et d'assurer au Japon et à la Chine elle-même la possession des débouchés nécessaires pour les millions d'hommes qui constituent le surplus de leur population. Le Japon doit aller quelque part. Il ne peut se diriger vers l'est, il doit donc aller à l'ouest, c'est-à-dire en Asie.

La Société des Nations n'était nullement désignée pour résoudre ce problème. Dans sa défense récente de la Ligue à la Chambre des communes, M. Balfour insista sur ce fait que « les organisateurs de la Société des Nations n'ont jamais eu l'idée de réorganiser l'Europe. Leur but est, une fois que l'Europe aura été réorganisée, de veiller à ce qu'elle soit conduite d'après les principes de paix et d'équité ». La réorganisation de l'Europe implique la réorganisation de l'Asie ; elle implique la réorganisation des approches stratégiques de l'Inde et toute réorganisation de l'est ou du nord-est de l'Asie qui pourrait être jugée utile par suite de l'action et de l'esprit d'entreprise du Japon. Il se peut que la Société soit appelée à voter sur la demande d'égalité du Japon. A moins que les État-Unis ne fassent partie de la Société, il se peut qu'elle rende une décision contraire à celle de Paris. Il se peut aussi qu'elle la confirme, auquel cas le Japon devra chercher son débouché dans l'Amérique latine ou garder ses fils à l'intérieur de ses frontières.

Étant donné ces conditions et cette incertitude, le Japon semble justifié à adopter en Asie orientale des mesures destinées à assurer la protection de son existence nationale, tout comme certains autres pays ont défendu leurs propres territoires contre de futures attaques.

Ainsi le Japon peut faire appel à la Société des Nations et réclamer que soient reconnus, en ce qui le concerne, ces mêmes principes de paix et d'équité qui ont été appliqués en Europe. Si cela lui est refusé, alors, de nouveau, le problème asiatique sera déplacé et redeviendra le problème du Pacifique.

Ceci n'est pas un argument en faveur du Japon, ceci n'est pas l'image de la pensée d'un fabricant, d'un banquier ou d'un marchand japonais qui ne verrait la grandeur de son pays que dans le développement pacifique de son commerce, — ceci n'est pas non plus l'opinion de la presse ou de la grande majorité du petit peuple qui souffre et paye et qui, s'il doit émigrer, préfère trouver des moyens d'existence dans des climats et des milieux plus conformes à sa nature, — ceci n'est pas davantage un argument antichinois ; car les Chinois ont le même problème à résoudre et n'ont pas de gouvernement digne de ce nom pour défendre leur cause. Cet argument est purement américain ; il est basé sur l'acceptation de faits fondamentaux et rend justice à tout le monde. Nous plaçons les intérêts supérieurs de l'Amérique au-dessus de ceux du Japon, de la Russie ou de la Chine et nous croyons fermement que le problème des races, s'il n'est pas résolu pacifiquement par le concert des puissances, devra être, un jour, envisagé par une seule nation. Il est impossible d'arrêter l'opération des lois naturelles en Chine ou au Japon.

Les races asiatiques se multiplieront rapidement. Avec quelle rapidité ? Nous pouvons le calculer si nous prenons pour exemple frappant les statistiques des naissances et des décès en Corée. Nous trouverons que les Coréens, en dépit de « la cruauté de la domination japonaise », des progrès du christianisme et d'autres arguments employés pour exciter la sympathie pour leur cause, doublent leur population en un peu moins de trente ans, c'est-à-dire six fois plus rapidement que les blancs. En vingt-cinq ans, la population de la Chine sera augmentée de moitié (200 000 000) et, enserrée comme elle l'est par la Russie, elle cherchera aussi un débouché de l'autre côté du Pacifique. Actuellement les Chinois sont trop occupés à se battre entre eux pour se soucier de ces conditions, mais le jour viendra où, eux aussi, commenceront à discuter hautement le droit que peut avoir l'homme blanc de les exclure du paradis du Pacifique. Alors la Chine et le Japon s'uniront. Notre point de vue est qu'il n'y a pas de raison plausible pour que les jeunes gens de l'Amérique, du Canada ou de l'Australie soient forcés de se battre dans le Pacifique simplement pour consolider la domination russe en Asie sur de vastes territoires volés aux jaunes et dont ces derniers ont maintenant le plus grand besoin pour leur propre expansion. Il y a moins de raisons pour que nos jeunes Américains soient appelés à faire le sacrifice de leur vie par pure considération sentimentale pour quatre cents millions de pacifistes obstinés qui refusent de se battre pour eux-mêmes et dont la faiblesse et la désorganisation sont une cause de conflit.

Si la Chine veut faire son devoir, il n'y aura pas de conflit de race dans le Pacifique. Mais il se peut que ce conflit ait lieu dans les plaines de l'Asie centrale et c'est là que, normalement, il devrait avoir lieu.

La Russie est, a été, et probablement sera encore la menace à la paix de l'Asie. Il ne peut y avoir de paix permanente dans le Pacifique, il ne peut y avoir d'arrangement mondial satisfaisant tant que la position de la Russie n'est pas clairement définie et tant qu'elle est autorisée à retenir en sa possession ces Alsace-Lorraine asiatiques qui appartiennent à l'homme jaune.

Le Japon et la Chine ne peuvent, en toute équité, s'attendre à ce que les autres nations ouvrent leurs portes aux millions d'Asiatiques qui représentent le surplus de leur population, simplement pour faciliter à la Russie l'occupation de territoires dont elle n'a pas un besoin immédiat.

En dehors de toute considération de couleur ou de croyance, de morale ou de pensée, qui servent à fabriquer les arguments clichés contre l'admission des Asiatiques dans les terres de l'homme blanc, il y a la question de savoir si les nations blanches peuvent justifier l'ouverture de leurs portes à des peuples qui ont faiblement et sans lutte abandonné leur héritage à la Russie et qui ensuite viennent demander comme un droit pour leurs millions en excédent la libre entrée dans d'autres pays.

C'est cette saine doctrine que le Japon a reconnue par l'engagement d'honneur (*gentlemen's agreement*). Le Japon a lutté, il lutte encore courageusement et d'une manière qui devrait commander le respect de tous les peuples courageux. Il est juste et raisonnable que les races à qualités combatives de la Californie, du Canada, de l'Australie et de la Nouvelle-Zélande insistent pour que les Asiatiques reprennent possession de leur héritage en Asie avant de réclamer le droit de libre émigration dans les autres terres du Pacifique. Malheureusement pour la solidarité des races blanches, il est impossible aux dominions britanniques de soutenir une doctrine qui sape la stabilité de l'Empire. Nous ne pouvons espérer que la France s'enthousiasme pour une doctrine qui menace sa situation en Indo-Chine, et nous savons que cette idée ne sera jamais la bienvenue en Russie. La politique de ces nations doit avoir pour but de conserver leur situation et leur influence en Asie. Dans ce conflit d'intérêts se trouve le danger qui menace la paix du Pacifique, et c'est pour cette raison que nous devons envisager le problème d'un autre point de vue et demander expressément que justice soit rendue aux Asiatiques, de façon que la question soit réglée là où elle doit normalement l'être, c'est-à-dire en Asie.

En envisageant le problème à ce point de vue, nous ne nous occupons point des questions de morale que soulève la présentation de ces faits. Nous nous refusons à toute émotion en parlant de notre amitié traditionnelle pour la Russie qui refusa naguère de signer un nouveau traité pacifique et commercial avec nous, parce que l'Amérique avait demandé que justice fût accordée aux juifs russes. Reportons-nous en arrière et rappelons-nous que la doctrine de Monroe a été proclamée pour empêcher la russification de la côte américaine de l'océan Pacifique et que si la Russie et les Puissances de l'Europe centrale avaient pu mener à bien leurs desseins, l'innocente jeunesse américaine aurait depuis longtemps payé de son sang la rapacité russe en Asie.

La propagande ayant pour but d'opposer les États-Unis au Japon a été menée sans aucune considération pour la paix, le bonheur et la prospérité des deux nations. La solution du problème a été pour le moment rejetée sur la nation qui l'a créé. Tous les Américains et les Anglo-Saxons à vision claire devraient pousser un soupir de soulagement et espérer que la question sera réglée par une équitable rectification des frontières asiatiques.

Il est absolument vrai qu'une solution pratique de ce genre nécessiterait une brusque déviation de la politique exposée par le président Wilson dans son message aux Soviets moscovites et qui constitue une sorte de pierre de touche internationale de morale politique. Mais c'était pendant une crise de temps de guerre, pendant que la Russie se trouvait opprimée et dupée par les négociateurs de Brest-Litovsk et avant que la dictature de Lénine et de Trotzky eût placé la Russie en tant qu'unité politique en dehors du cercle de l'Association des Alliés et de tout commerce diplomatique avec des États civilisés conscients de leur dignité. Depuis lors il est passé trop d'eau trouble et souillée sous les ponts hâtivement construits par les États-Unis et les Alliés dans leur vain effort de conserver les amitiés russes et d'enfoncer des coins tels que la Pologne et autres entre les poussées convergentes des masses slaves et germaniques. La situation internationale générale ne semble pas justifier la continuation d'une délicate faiblesse envers la Russie. Certainement il n'y a pas de raison de nous écarter de notre chemin pour aider nos ennemis et faire obstacle à nos amis et chercher à les affaiblir.

Quoi qu'il en soit, il faut surtout nous rappeler que cette querelle n'est pas notre querelle et que la Russie a toujours manqué du sens le plus élémentaire de justice envers autrui chaque fois que sa propre expansion était en jeu. Nous nous sommes gardés d'exprimer nos idées de morale internationale lorsque la Russie a suscité une coalition des puissances européennes pour empêcher le Japon de recueillir les fruits de sa victoire sur la Chine. Le Japon a ses propres problèmes particuliers à résoudre avec la Russie et devrait être libre de les résoudre à sa guise. Nous ne devrions pas intervenir dans des querelles asiatiques, ni porter un jugement sur l'action et la politique présentes du Japon sans nous reporter de vingt-cinq ans en arrière et essayer, en toute honnêteté, de comprendre la nécessité fondamentale de la doctrine japonaise de préservation de la race.

Ceci aidera à faire la lumière sur les manifestations actuelles d'une politique dont l'origine a été oubliée dans tous les pays, sauf au Japon.

Aucune des puissances occidentales dont la politique d'exclusion a forcé le Japon, pour préserver sa race, à se diriger vers le continent asiatique, ne saurait en toute justice critiquer les actions du Japon. Le Japon prend les mesures nécessaires pour la préservation de sa race et de sa nationalité dans le nord-est de l'Asie, en parfaite harmonie avec l'avance calculée des légions britanniques dans le sud-ouest pour la défense de l'Inde.

Que les Anglais se rappellent la longue et âpre lutte soutenue par l'Angleterre pour protéger son empire contre l'invariable politique de cette Russie dont chaque progrès au nord-ouest était accompagné et soutenu par un mouvement menaçant correspondant de son alliée au sud-est; qu'ils se rappellent que, depuis l'armistice, l'Angleterre a fait du Thibet un État tampon et lancé des avant-postes fort loin en Perse, en Mésopotamie et en Arabie; et alors aucun d'entre eux ne saurait en toute justice critiquer bien sévèrement le Japon d'avoir adopté de semblables mesures pour se protéger contre le retour offensif, si redouté, de « l'ours qui marche comme un homme ». Le monde observe avec sympathie et comprend les mouvements stratégiques faits par l'Angleterre pour défendre ses possessions les plus précieuses. Critiquer et condamner le Japon pour une politique identique dans l'Asie orientale serait, et les termes sont modérés, un manque de franchise sportive. Le reproche américain, en particulier, est aussi injuste que mal fondé. Les circonstances ont renvoyé le règlement de cette question de l'autre côté du Pacifique; aucune fausse considération ayant pour but de sauvegarder « le germe de la démocratie en Russie » ne saurait nous empêcher de prêter au Japon tout l'appui moral et matériel nécessaire dans son terrible combat pour la préservation de sa race et de sa nationalité. Sa lutte est notre lutte. Si son droit à l'existence ne lui est pas reconnu dans l'Asie centrale ou dans l'Asie orientale, si le Japon échoue dans sa tentative et si la Russie conserve ces territoires, alors le jour ne saurait longtemps être retardé où la question de races redeviendra encore une fois la question la plus grave du Pacifique. Si, en toute honnêteté, nous avions un réel souci de l'intégrité territoriale de la Russie, nous devrions, pour être justes, dénoncer l'œuvre de la Conférence de la Paix, revenir sur notre reconnaissance de la Pologne et des autres États taillés tant bien que mal dans le vieil Empire russe en Europe; nous devrions protester ardemment contre l'action de l'Angleterre en Perse, prendre place à côté des Soviets et en finir une fois pour toutes et en bloc avec toutes ces questions. Travailler pour soutenir les intérêts du peuple russe en Extrême-Orient, et cela à un moment où la Russie défait l'œuvre accomplie par les Alliés dans l'Ouest et cherche à abattre la Pologne, est trop incompatible avec notre politique.

Si le destin de la Russie nous intéresse plus que notre propre avenir, alors disons-le franchement afin que le peuple américain comprenne que son Gouvernement est déterminé à attirer sur lui la menace d'un règlement de la question des races. Nous nous refusons à admettre les Japonais aux États-Unis, nous les arrêtons en Chine et nous nous sommes constitués les champions de la Russie contre l'extension de l'influence japonaise dans la Sibérie orientale. La question des races, ainsi posée, se réduit à une lutte entre le Japon et l'Amérique. Si une solution pacifique n'est pas trouvée, un jour peut venir où les jeunes gens du Japon et de l'Amérique devront souffrir de la rapacité russe.

Nous soumettons l'amitié du Japon à une très dure épreuve, et, pourtant, ce pays attend encore de nous un traitement équitable, une juste compréhension de ses difficultés telle que celle que nous avons manifestée avant 1905.

« La Californie a foi en l'intelligence du Japon et compte qu'il comprendra son attitude. » Le Japon n'a-t-il pas le droit de demander au reste du monde de faire preuve d'une intelligence égale, de chercher à comprendre sa position, d'avoir quelque sympathie pour lui qui se heurte à de telles difficultés, et de trouver une solution pacifique au problème que l'Occident lui a donné à résoudre ?

Étudions avec calme les bases mêmes de cette controverse, et nous nous convaincrons que le règlement de la question californienne n'est possible que si elle est envisagée comme une partie du grand problème asiatique.

Les explosions sans cesse renouvelées d'agitation anti-asiatique en Amérique, au Canada et en Australie ne sont que les symptômes extérieurs d'un mal profondément enraciné qui ne peuvent être traités et guéris que par l'extirpation et la destruction de la cause première de ce mal. Nous ne pourrons espérer de solution permanente que lorsque cette vérité aura été reconnue. Le Japon, naturellement, insiste sur ce point que cette solution permanente dépend de la reconnaissance de l'égalité de ses nationaux et de ceux des autres nations. C'est un point de vue légitime, courageux et honorable. Malheureusement le reste du monde n'est pas encore prêt à accepter cette doctrine. Le Japon lui-même a répugné à l'appliquer dans ses propres territoires et à accorder des droits d'égalité aux Coréens, aux Formosains, aux Chinois et aux autres Asiatiques.

L'orgueil de la race et l'instinct de la conservation opèrent aussi puissamment au Japon que dans l'Ouest.

Sans vouloir amoindrir la justice intrinsèque de la cause japonaise, on peut dire, en toute sûreté, que le monde entendrait moins parler de l'égalité des races si le Japon avait plus de place et un libre accès à des terres fertiles qui lui fourniraient des moyens d'existence pour ses millions de nationaux encore à naître et des matières premières pour ses fabriques. Ces terres ne peuvent être situées que sur le continent, dans la Mandchourie septentrionale par exemple, ce grenier de l'Extrême-Orient que la Russie occupe dans un but purement militaire pour faciliter ses plans d'expansion illimitée.

Quo vadis ?

Il y a une alternative. Le Japon peut désarmer tous ses critiques et garder ses nationaux. Il peut employer toutes ses richesses inoccupées à défricher les flancs de ses montagnes et à les transformer en pâturages pour ses troupeaux de moutons et de chèvres. Son annuel million de nouveaux Japonais peut être absorbé par l'établissement de nouvelles industries. Il peut fabriquer des draps avec la laine des moutons élevés dans des prairies au sommet de ses collines. Il peut garder dans le pays chaque sou de son capital, développer ses industries et trouver du travail pour son annuel surplus de population. Mais le Japon doit manger. Il doit vendre les produits de ses fabriques et de ses manufactures pour se procurer l'argent nécessaire à l'achat de ses approvisionnements en vivres. Il lui faudra une très importante marine marchande pour exporter ses produits et importer les denrées dont il aura besoin. Il lui faudra une flotte de guerre puissante pour la défendre. D'une part, il deviendra l'Allemagne orientale, l'heureux concurrent commercial suscitant des antipathies et des jalousies amères, d'autre part il se développera comme une Angleterre asiatique, une puissance maritime dont l'existence même dépendra de la possession de la première flotte de guerre du monde.

La guerre commerciale est à peine commencée, et pourtant nous entendons, de tous les coins du globe, monter contre le Japon le même cri, les mêmes arguments, les mêmes accusations semeuses de haine qui ont si bien réussi à créer l'hostilité de tous contre l'Allemagne.

Privé d'un débouché en Amérique, en Australie et en Afrique, arrêté à chaque pas en Asie, le Japon s'efforce courageusement de se conformer aux idées occidentales et de se développer commercialement. Et, de loin comme de près, nous entendons le rauque hurlement des bandes de loups prêtes à entrer en chasse.

Le Japon ne pourra suivre que deux routes. Il lui faut s'étendre en Asie ou passer l'Océan. Le chemin de l'Asie mène inévitablement au contrôle économique de la Mandchourie et de la Mongolie orientale et à un mandat sur un État tampon à créer entre ces territoires et la Russie. Or, pour des raisons sentimentales et par sympathie pour la démocratie russe, il semble que l'administration de M. Wilson est opposée à cette solution. Il semble aussi qu'il n'est jamais venu à l'esprit des conseillers du président que leur politique ne peut avoir qu'un résultat, c'est-à-dire forcer les Japonais à s'étendre au delà des mers, ce qui créerait de nouveaux points de contact entre les États-Unis et le Japon. Par la coopération, les associations et les accords commerciaux, les dangers de conflits en ces points de contact seraient sans doute éliminés au bout d'un certain temps et il en résulterait un respect mutuel pour l'attitude et les points de vue de chacun. Pourtant la meilleure solution immédiate est celle qui aiderait à l'expansion économique du Japon dans l'Asie orientale. Aussi, quand l'Amérique comprendra la pleine signification de l'effet que cette solution peut avoir sur sa paix et son bonheur futurs, quand le concert des puissances appuiera la demande japonaise de reconnaissance du principe d'égalité, la question californienne sera vite réglée. L'ouvrier japonais restera chez lui, occupé au travail bien rémunéré des champs, des fabriques et des manufactures, tandis que ses compatriotes plus aventureux seront attirés vers l'ouest où ils développeront les vastes richesses naturelles de la Mandchourie et de la Mongolie, ces greniers et ces magasins de la vie industrielle de la nation.

« Mais, affirment les moralistes de Cabinet, cette solution n'est pas équitable. La Chine a, elle aussi, besoin de ces territoires pour sa population qui augmente rapidement. » C'est vrai, mais l'argument perd de vue le fait connu (et déjà mentionné) que la Russie a enlevé de force à l'homme jaune des régions asiatiques nécessaires à son expansion; c'est ce fait qui oblige d'innocents Américains qui n'ont eu aucune part à la solution de l'Asie à envisager la solution du problème des races. Cet argument néglige entièrement la loi fondamentale du monde, cette loi qui donne au vainqueur les fruits de sa victoire, cette loi qui a été deux fois écartée lorsque le Japon a été privé des fruits des victoires remportées sur la Chine et sur la Russie. Au lieu de pénétrer en Mandchourie en souverain, le Japon a été forcé, par suite de la jalousie des puissances, de restreindre son activité à un contrôle économique partiel; même alors la Chine et ses amis ont remué ciel et terre et multiplié les intrigues pour enlever au Japon cet avantage. Cependant la légalité de la position économique du Japon en Mandchourie est assurée par des traités ; et, même si la Chine met en question leur validité en 1923 au moment de l'expiration du bail du Kwangtung, il sera difficile de chasser le Japon de cette position avantageuse. Si nous supposons pour le moment que la décision puisse être favorable à la Chine et que le Japon se soumette docilement par crainte des forces supérieures des grandes puissances, alors le reste du monde se trouvera face à face avec une nation industrielle, déterminée et fortement centralisée, qui ira chercher des moyens de subsistance jusque sur les marchés les plus lointains.

La solution pratique

La solution la plus pratique de cet inquiétant problème semble devoir se trouver dans un accord harmonieux entre la Chine et le Japon, accord basé sur une division du territoire disputé et une commune responsabilité concernant la conservation des territoires nécessaires à l'expansion des deux pays. Nous devons admettre le fait que l'Occident n'est pas encore disposé à reconnaître l'égalité des races en tant qu'affectant la liberté d'immigration, et que les millions d'hommes représentant l'excédent des populations de la Chine et du Japon doivent être absorbés par l'Asie orientale où leur expansion a été arrêtée par la Russie. La première chose à faire pour résoudre le problème est donc la reprise, consacrée par un accord international ou de toute autre manière, des territoires ayant appartenu à la Chine ou à ses voisins asiatiques et qui ont été annexés par force et fermés à leur colonisation.

Il va sans dire que la Chine, sans appui et laissée à sa propre initiative, n'agira jamais diplomatiquement ni militairement contre la Russie. Ce n'est que sous la direction du Japon, soutenu par tout l'appui moral et militaire possible des États-Unis et de la Grande-Bretagne, que peut être assurée l'expansion future des deux peuples et que pourra être préservée la paix du Pacifique. Quand la population de la Chine aura augmenté et que ces territoires seront colonisés, le conflit des races se transformera en une lutte pour le droit à l'existence entre les Mongols et les Slaves, et la question sera réglée dans les plaines de l'Asie centrale, comme cela doit être, normalement parlant. La Chine et le Japon exclus des terres bénies de l'Ouest ont une cause commune à défendre, une destinée commune à construire, un intérêt commun à sauvegarder leur droit de naissance en Asie. Ils devraient être amis et bons amis.

Ces deux nations, pour arriver à un tel accord, doivent se faire des concessions mutuelles. Le Japon a besoin de la Mandchourie, source naturelle de vivres et base stratégique de la défense de l'Empire contre une agression russe. L'incapacité présente et passée de la Chine à protéger son territoire et son inclination à favoriser les desseins de la Russie contre le Japon constituent la raison stratégique suprême à cause de laquelle le Japon doit rester en Mandchourie. La pitoyable incapacité de la Chine à faire respecter ses droits de nation souveraine, dont le résultat fut l'annexion de fait de la Mongolie par la Russie, a gravement affaibli la position du Japon en exposant son flanc à une attaque venue de cette direction. Le Japon fut obligé d'étendre son influence et ses intérêts dans la Mongolie intérieure. Cette politique ne fut pas dirigée contre la Chine dans le but de préparer une attaque contre Pékin, et ne prouve pas que le Japon ait été avide de conquêtes ou désireux d'annexer ces territoires. Cela ne prouve pas non plus l'impérialisme ou le militarisme du Japon, car ce ne fut que l'action politique sensée d'une nation intelligente cherchant à se défendre contre l'incapacité insouciante d'un voisin. Ce principe a été appliqué chaque fois que la faiblesse d'une nation a mis en danger l'existence d'un État plus puissant et mieux organisé. C'est une ligne de conduite de ce genre qu'a adoptée l'Amérique à Cuba, à Panama, àu Nicaragua, sans mentionner Porto-Rico, la Californie du Sud et les îles de la Vierge, et cela pour garantir notre propre sécurité en cas d'attaque. L'avenir de la Chine et du Japon ne peuvent être assurés que par une constante vigilance sur les frontières extérieures de la Mongolie. La ligne de défense n'est pas située dans les districts de Kalgan, Dolor-Nor ni sur les autres points de la frontière de la Mongolie intérieure. La sécurité de la Chine, du Japon et de la race jaune ne pourra être assurée que lorsque des lignes de chemins de fer auront été construites et que des troupes jaunes seront cantonnées à Urga, Ulisassitai, Kobdo, Ili et autres points stratégiques le long des lointaines régions frontières de la Mongolie et du Hsinkiang.

Une fois ces lignes construites et des armées sino-japonaises implantées le long de la frontière de l'Altaï, à portée du chemin de fer transsibérien, la Russie ne pourra plus jamais espérer menacer le Japon ou dicter ses ordres à Pékin. Pour cette garantie de sécurité la Chine pourrait payer un bon prix et pour des garanties semblables le Japon pourrait faire de grands sacrifices.

Le Japon pourrait faire de grands sacrifices pour obtenir l'amitié de la Chine

La Chine demande la restauration à son profit des droits allemands dans le Shantung actuellement détenu par le Japon. Les Puissances européennes soutiennent le Japon en ce qui concerne la question du Shantung et ses effets sur les traités de 1915. La Chine a vendu ses droits pour un plat de lentilles en 1918 et il se peut qu'elle ait quelque difficulté à faire rouvrir cette question par une Conférence internationale. Le Japon est prêt à négocier avec la Chine et à tenir sa promesse d'évacuer le Shantung et de rendre à la Chine ses droits de souveraineté, en se réservant toutefois le droit d'exploiter les chemins de fer et les mines. Sa seule préoccupation est d'empêcher que le port de Tsingtau ne soit de nouveau cédé à quelque autre puissance pour servir de base navale.

L'internationalisation de ce port serait probablement, sur ce point, la solution la plus agréable au Japon. Si des négociations étaient entamées dans un esprit de conciliation, il serait possible que le Japon consentît à rendre les chemins de fer et les mines à la Chine ou aux Puissances qui constituent le Consortium. Cela réglerait la question du Shantung à la satisfaction de tous les pays intéressés.

Le Japon pourrait faire de grands sacrifices pour obtenir l'amitié de la Chine. La Chine pourrait gagner beaucoup à cette amitié. En dehors de l'imbroglio du Shantung, créé par la folie et l'obstination de la Chine, reste encore à régler à l'amiable la question de la position du Japon en Mandchourie. Sur ce point, la Chine et le monde entier doivent envisager les faits tels qu'ils sont, aussi pénible que cela puisse être. Le Japon établit ses droits sur ce territoire en 1895 et fut forcé d'abandonner les fruits de sa victoire au bénéfice de la Russie et de ses associés. La Chine reconnaissante conclut alors une alliance secrète avec la Russie et en fait céda à son alliée comme bases d'opérations futures contre le Japon ses trois provinces orientales. De nouveau le Japon eut à combattre pour son existence et reconquit la Mandchourie. De nouveau, tout ce qui fut permis au Japon ce fut d'acquérir les droits de la Russie sur les chemins de fer et un bail de vingt-cinq ans sur le Kwang-Tung. La Chine, qui avait été la cause du conflit, et qui avait cédé une partie de son territoire pour faciliter la destruction du Japon, se retira indemne de l'affaire.

Depuis 1905 jusqu'à maintenant, tout le poids de la diplomatie chinoise a porté sur un seul point, à savoir : déloger le Japon de la Mandchourie ; et, simultanément, elle s'efforçait de préparer le chemin pour que la Russie pût de nouveau se trouver dans une position favorable à un renouvellement du conflit. L'histoire en est assez longue, mais les faits sont irréfutables. Quand la Grande Guerre éclata, la Chine était, par suite des intérêts qu'avait la Russie dans les chemins de fer belges, prise dans les mâchoires d'un immense piège russe. Le Japon n'avait pas le choix, il devait attaquer les Allemands à Tsing-Tao et empêcher ainsi l'occupation de ce point stratégique par la Russie et l'Angleterre.

Quand tous les chapitres de l'histoire tortueuse des intrigues chinoises au sujet des chemins de fer seront connus, alors il faudra admettre que les provisions mandchouriennes des vingt et une demandes étaient en grande partie justifiées.

D'autres États puissants qui, en cas de danger de destruction, appliquent eux aussi la doctrine de la préservation de leur propre existence dans les territoires de nations plus faibles, ne sauraient condamner le Japon parce qu'il a suivi leur exemple.

La menace pour la Chine, le Japon, l'Inde, l'Asie entière et maintenant l'Europe, c'est la Russie. Prévoyant la résurrection de son formidable adversaire, la Grande-Bretagne ne néglige aucune précaution. Les armées, pendant et après la guerre, ont été constamment occupées à fortifier les points vulnérables sur la route des Indes en prévision du jour où la Russie reprendrait sa tactique traditionnelle. Dans le monde entier, nul ne critique ces actes britanniques. La France a ses têtes de pont sur le Rhin et d'autres garanties contre une vengeance allemande. L'Italie a Fiume. D'autres nations ont réussi à se protéger d'une manière ou d'une autre contre les attaques d'ennemis possibles. Les Japonais ont assuré au monde qu'ils ne désirent pas s'emparer des territoires de leurs voisins et qu'ils n'ont qu'un seul but, qui est de sauvegarder leur propre indépendance. Ils ont raison. La sauvegarde naturelle du Japon contre la Russie est et devrait être la Chine. Si la Chine ne peut garantir cette sauvegarde, alors le Japon est forcé de monter sur la brèche et de veiller à sa propre sécurité. Le Japon sera juste envers la Russie. La Russie doit être juste envers le Japon. Le Japon ne néglige aucune précaution et crée ses propres garanties sans oublier qu'un jour les Russes entreront dans la grande famille des nations en frères et amis.

C'est là la raison fondamentale de l'activité des Japonais en Mandchourie et en Sibérie. Ils appliquent ce même principe dont d'autres nations ont jugé l'application nécessaire pour se protéger contre de formidables et anciens ennemis.

Tant que la Chine ne pourra pas assumer ses obligations internationales et garantir sa neutralité, le Japon devra rester en Mandchourie, toujours prêt, toujours préparé, en prévision du jour où le Moscovite voudra reprendre sa marche dévastatrice vers la mer.

Base d'un accord sino-japonais

Quelle est la solution ? Il semble que la solution réelle est un accord, quel qu'il soit, entre la Chine et le Japon, accord qui recevrait l'approbation des États-Unis, de la Grande-Bretagne et de la France.

Cet accord pourrait opérer comme un nouvel accord régional, supplémenter et renforcer l'alliance anglo-japonaise et remplacer les nombreux accords séparés entre le Japon et d'autres puissances, tels que les accords Root-Takahira, Lansing-Ishii, franco-japonais et autres traités ayant pour but la reconnaissance de la souveraineté de la Chine et du principe de la porte ouverte.

Le but de cet accord serait la préservation de la Mongolie, du Hsinkiang et des autres territoires voisins de la frontière ; il assurerait aux millions d'habitants de la Chine un débouché dans les limites de leur civilisation traditionnelle et pourrait n'être opérant que dans les territoires situés au nord de la grande muraille ou dans les régions absolument nécessaires à la colonisation mongole.

Un tel accord, ayant l'appui des États-Unis, de la Grande-Bretagne et de la France, protégerait suffisamment l'Inde contre une attaque à travers le Thibet et amènerait une restauration de la souveraineté de la Chine dans cette région, ouvrant ainsi un autre territoire — jusqu'à présent fermé — à la colonisation et à l'activité chinoises. Ainsi quand les années de ce siècle auront passé et que les quatre cents millions de Chinois auront doublé leur nombre, ils pourront encore trouver des débouchés dans leurs propres territoires.

Un accord qui traitera de la coopération japonaise avec les armées de la Chine échelonnées le long des frontières de l'Asie Centrale, des pentes de l'Altaï et du désert de Mongolie, constitue la plus sûre garantie de complet développement des races mongoles dans les limites de leur propre civilisation. Ceci n'est pas injuste pour la Russie. Puisque l'Allemagne a dû fournir des garanties pour la préservation de la paix en Europe, le reste du monde peut, le jour où un gouvernement stable sera organisé en Russie, exiger de lui les mêmes garanties pour la préservation de la paix en Asie. Au point de vue militaire, ces garanties seraient, sans aucun doute, la création d'un État tampon à l'est du Baïkal ou l'établissement de divisions sino-japonaises à Urga, Kiachta et sur d'autres points de la frontière mongolienne, c'est-à-dire en mesure de couper et de contrôler les lignes russes de communication avec l'Extrême-Orient et l'océan Pacifique. Un tel accord ne ferait qu'être juste pour les peuples occidentaux et surtout pour les Américains que menacent actuellement de continuelles explosions de fureur antiasiatique.

Il offre à la Chine la restauration de tout ce qui lui a été refusé par la puissante Russie et qu'elle doit avoir si elle veut trouver place pour ses millions d'habitants sans cesse multipliés.

La Chine refusera probablement de prendre cette proposition en considération et fera appel à la Société des Nations. L'explication qu'a donnée M. Balfour des buts de la Ligue semble toutefois affirmer que la Société n'essayera point de refaire la carte ou de redresser tous les torts de l'Asie. On ne permettra pas à la Chine de recommencer la folie de la Conférence de la paix et de transformer la Société des Nations en un tribunal destiné à juger le Japon.

Comme elle est constituée à présent (les États-Unis n'en faisant pas partie), la Ligue peut, et sans doute a la volonté de confirmer la décision de la Conférence de la paix. La Ligue, dont la Russie ne fait pas partie, est sans pouvoir pour exécuter ou rendre opérants ses mandats dans l'Asie centrale ; même si la Russie revient à la raison et est admise à titre de membre, les autres membres peuvent avoir à accepter les directives capitales de sa politique dans le même esprit qu'ils ont accepté celle des cinq grandes puissances. Or, la base de la politique de la Russie, ce qui constitue sa doctrine de Monroe, sa loi de préservation, est dirigé contre le développement normal de la Chine dans ses propres territoires. En dernière analyse, le seul espoir de développement pour la Chine (à part une renaissance complète) doit être placé non dans la Ligue (dont les pouvoirs ne peuvent s'exercer en Asie centrale, au delà des territoires russes), mais dans un accord amical avec le Japon, conclu avec l'appui de l'Angleterre, de la France et de l'Amérique.

Les grandes Puissances ont exigé certaines garanties des nouveaux États récemment créés en Europe. Ils doivent défendre leur indépendance et servir d'États tampons pour la sécurité des grandes nations. Le Japon a le droit indéniable de demander des garanties semblables à la Chine en accomplissement de ses obligations et comme nation voisine. Il a le droit de lui demander de s'opposer à l'avance slave. La Chine doit payer le prix de son indépendance. Si la Chine ne peut fournir de garanties satisfaisantes, le Japon doit agir en vue de la préservation de son existence nationale. Si la Chine tombe, le Japon tombe avec elle. Leurs destinées sont intimement liées. Au point de vue stratégique, le principe est le même que celui qui détermina l'entrée en guerre de la Grande-Bretagne en 1914. La violation de la neutralité belge était un coup direct porté à l'existence même de l'Angleterre. Si la Belgique avait été entièrement soumise à la domination allemande, l'Angleterre aurait eu à soutenir, pour préserver son existence en tant que nation, une lutte terriblement inégale. La violation de la Chine est un coup direct à la vie du Japon. Politiquement parlant, la Chine et le Japon se tiennent. C'est le quart de l'humanité isolé des autres pays. Ils doivent travailler à leur salut dans les limites de leur civilisation traditionnelle. La Ligue ne peut protéger la Chine contre une attaque russe, et, par suite, on ne peut compter sur elle pour venir en aide au Japon au cas où la Chine manquerait à son devoir ou ne pourrait remplir son rôle d'État tampon. Jamais armée occidentale ne débarquera sur les côtes de l'Asie orientale pour lutter avec la Chine et le Japon contre la grande marée de la pénétration slave.

S'il n'y a pas de paix équitable en Europe, il faut qu'il y ait une paix équitable en Asie. Justice doit être rendue à la Chine et justice au Japon. Si le monde cherche la paix (et non la guerre) dans le Pacifique, les deux nations doivent être rapprochées l'une de l'autre. Ceci fournit une excellente base pour régler un des plus inquiétants problèmes qui pourraient causer un autre cataclysme. Si cette base n'est pas acceptée, la responsabilité pour la solution du problème des races est rejetée sur les trois nations asiatiques les plus directement intéressées. Si la question doit être réglée en Asie, alors le reste du monde doit suivre une politique de « Laisser faire ».

FIN

Imprimerie de J. Dumoulin, à Paris

www.ingramcontent.com/pod-product-compliance
Ingram Content Group UK Ltd.
Pitfield, Milton Keynes, MK11 3LW, UK
UKHW032004260826
14628UKWH00005B/2268

9 782329 384344